BAD ESSEN

Fotografien von Anselm Jaenicke
Texte von Michael Brackmann

BAD ESSEN

sehenswert – lebenswert

Rasch Verlag   Bramsche

Die Deutsche Bibliothek – CIP-Einheitsaufnahme

Bad Essen sehenswert – lebenswert. – Bramsche : Rasch, 2000
    ISBN 3-934005-61-6

Sämtliche Aufnahmen entstanden 1999

© 2000 Rasch Verlag, Bramsche
Alle Rechte vorbehalten
Umschlag: Burckard Kieselbach
Layout: Jürgen Sütterlin, Rasch, Bramsche
Schrift: Stone Sans und Stone Serif
Reproduktion: Laudert, Innovative Medientechnik, Vreden
Satz und Druck: Rasch, Druckerei und Verlag, Bramsche
Dieser Band ist in der Technik des frequenzmodulierten Rasters hergestellt
Buchbinderische Verarbeitung: Bramscher Buchbinder Betriebe, Bramsche
Printed in Germany

ISBN 3-934005-61-6

Inhalt

7   Der Ort

33   Das Fachwerk

49   Burgen und Schlösser

69   Die Kirchen

91   Der Mittellandkanal

109   Die Landschaft

Der Ort

Blaumann, Kittelschürze, Gummistiefel und grüne Steppweste sind werktags unentbehrliche Bestandteile der passenden Kleidung in den Dörfern rund um Bad Essen. Im Ort selber dagegen gehören vormittags das Sporttrikot, der Bademantel und der Jogginganzug zum angemessenen Outfit und nachmittags das adrette Ausgehkostüm oder der geschmackvolle Straßenanzug. Schließlich ist Bad Essen in erster Linie Kurort. Einen bäuerlich-landwirtschaftlich geprägten Dorfcharakter sucht man vergeblich. Er ging aber nicht etwa, wie vielerorts bedauerlich, im Verlaufe der Zeitenmodernisierung verloren, sondern es hat ihn nie gegeben.

Gegründet wahrscheinlich vor der ersten Jahrtausendwende als Meyerhof, blieb eine Entwicklung zu einem blühenden landwirtschaftlichen Betrieb, wie sie für die meisten anderen Meyerhöfe der Region bis heute nachvollziehbar ist, dem von Bad Essen verwehrt. Diese Karriere verhinderte die Qualität des Wassers, das aus den Tiefen des Wiehengebirges hervorquoll. Es ist besonders schwefel- und eisenhaltig und für Menschen und Vieh nicht nur ungenießbar, sondern auch unbekömmlich. So waren Ackerbau und Viehzucht ungeeignet für Bad Essen, und es blieb von jeher nur die Rolle als Kirchenort, Verwaltungssitz, Handelsplatz und Handwerksstätte mit enormer Bedeutung für die gesamte Umgebung. Eine Chronik von 1772 weist so ziemlich alle Berufe für Bad Essen nach. Für das leibliche Wohl zuständig waren Bäcker, Schlachter und Brauer und natürlich der Schnapsbrenner und die Zigarrenmacher. Holzschuhmacher, Schuster und Schneider sorgten für die Mode, Schlosser, Schmiede, Tischler, Zimmerleute und Korbmacher für das Ambiente. Wagenmacher und Sattler trugen der Mobilität der Zeit angemessen Rechnung so wie Buchbinder der Bildung. Der Gesundheit verpflichtet waren der Wundarzt, die Apotheker und die Hebamme. Für Rechtsfragen gab es einen Notar, dessen Rat gefragt war, wenn die vielen Kaufleute der unterschiedlichsten Branchen sich nicht handelseinig wurden. Einen kleinen Eindruck, zu welcher Blüte damals das Geschäftsleben in Bad Essen führte, vermittelt heute ein Blick in die Alte Apotheke. Die alte Offizin, eingerichtet in der ersten Hälfte des 19. Jahrhunderts, mit der großen Balkenwaage, den ordentlich beschrifteten Keramiktiegeln und -töpfen und den eng- und weithalsigen Glasflaschen, gefüllt mit allem was zur Stärkung von Leib und Seele dient, läßt den staunenden Kunden vergessen, daß Medizin meist bitter ist. Besonders eindrucksvoll schön sind die beiden, das Rezeptpult flankierenden Säulen mit den einander zustrebenden Girlanden. Links und rechts an diesen baumeln wie rote Äpfel zwei goldverzierte Kugeln. Die edlen Schmuckstücke dienten als Träger schnöder Bindfadenrollen.

Wenn auch das Essener Wasser wegen seines Geruchs und seines Geschmacks für die innere Anwendung bei Mensch und Vieh in bedarfsgerechten Mengen unbekömmlich war, so blieb doch die äußerliche Anwendung, frei nach der allgemeinen Lebenserfahrung: Je schlechter etwas schmeckt, um so gesunder muß es sein! In Stüves Geschichte des Hochstifts Osnabrück wird eine heilende Nutzung der Quellen bei den verschiedensten Leiden und Zipperlein schon für das Jahr 1447 erwähnt. Alternativ wäre noch eine industrielle Salzproduktion aus der Sole möglich gewesen, die seinerzeit ökonomisch durchaus interessant war. Entsprechende Ansätze waren da. Gottseidank gab es aber einen Salinenbetrieb zur Salzgewinnung in größerem Umfang in Bad Essen nicht. Sonst wäre das dicht bewaldete Wiehengebirge heute wahrscheinlich eine kahle Hügelkette, denn die Salzsiedepfannen waren in ihrem Holzhunger zur Befeuerung schier unersättlich, wie man bei einem Besuch etwa in Lüneburg bis heute feststellen kann.

Ein Bad in der warm aus dem Wiehengebirge sprudelnden Sole wurde als angenehm empfunden bei Kreuz- und Gliederschmerzen. Zur Kaiserzeit kamen Gäste aus der näheren und weiteren Umgebung, um sich zu kurieren. Im Jahre 1902 zum »Bad« geadelt, wurde, der Zeit entsprechend, ein Badehaus und eine Trinkhalle im Pavillonstil errichtet. Letztere ist noch heute, zwar außer Betrieb, doch als Zeuge der guten alten Zeit zu bestaunen. Heute erfüllt ein Bad im Holzzuber und das Schlürfen eines Glases Salzwasser beim Schlendern auf einem Parkrundweg nicht mehr die Erwartungen, die die Krankenkassen an einen Kuraufenthalt richten. Bad Essen ist stets mit der Zeit gegangen. Rund um die Thermalsole, die seit mehr als 40 Jahren ein Freibad mit angeschlossenem Hallenbad speist, hat sich ein moderner Kurbetrieb etabliert. In erster Linie werden Patienten nach rheumatologischen Therapien und orthopädischen Operationen rehabilitiert, kurz gesagt: Es wird alles getan, um die Gäste wieder auf die Beine zu stellen. Alle Spielarten der Physiotherapie in Kombination mit klassischer und alternativer Medizin, mit den Kneippschen Erfahrungen oder mit der traditionellen chinesischen Medizin kommen zur Anwendung. Es darf daher nicht überraschen, daß man in den vielen netten Lokalen, Cafes und Gaststätten oder in den gut sortierten Geschäften, Boutiquen und Läden immer meint, einen Duft von Fango und Massageöl zu wittern. Bei vielen der modernen Zivilisation angelasteten Hauterkrankungen, wie Schuppenflechte oder Neurodermitis, empfiehlt sich Bad Essen als Therapiezentrum. Eine Kombination von Salz und Licht, die hier entwickelte Sole-Fototherapie, hat viele Menschen von langwierigem Jucken und Kratzen erlöst. Ebenfalls erst neueren Datums ist die Einsicht, daß Sucht, sei es nach Alkohol oder Tabletten, nicht persönliche Schwäche, sondern eine Erkrankung ist, bei deren Behandlung man helfen kann. Die Schönheit der Landschaft, die Idylle der Ortschaften und die Ruhe der Lebensart erleichtern drei Suchtkliniken ihre schwere verantwortungsvolle Arbeit.

Weit gefehlt wäre aber jetzt, Bad Essen lediglich als Krankenhaus mit erweitertem Auslauf zu sehen. Der Ort gilt für alle, Einheimische wie Gäste, als lebens- und erlebenswert, und das im wahrsten Sinne des Wortes auf sinnvolle Weise. Sehen, Hören, Tasten, Riechen und Schmecken, sich seine eigentlichen Sinne bewußt machen gelingt auf sehr entspannende und unterhaltsame Weise im Erfahrungslabyrinth des Kurparks. Zu sehen ist bildende Kunst im Schafstall, wo regelmäßig avantgardistische Ausstellungen stattfinden. Zu hören sind Dichterworte bei den Lesungen der »Literakur« oder Musikalisches aller Klangrichtungen bei den häufigen Konzerten im Kurhaus, in der Nikolaikirche oder in der Aula des Gymnasiums. Der Jahresveranstaltungskalender Bad Essens ist nicht etwa nur ein kleines Faltblatt, sondern ein fast hundertseitiges Büchlein, bei dessen Durchsicht man oft die Qual der Wahl hat. Wem der Sinn nach aktiver Kreativität steht, den fördert die Kunstschule e. V. in Workshops, Seminaren und Kursen. Proben des dabei erworbenen Könnens sind vor und im Atelier »Alter Bahnhof« in wechselnden Präsentationen zu bewundern.

Ein Höhepunkt des gesellschaftlichen Lebens in Bad Essen ist der alljährlich im August stattfindende »Historische Markt«. In einen solchen verwandeln sich dann für ein verlängertes Wochenende der Kirchplatz und die umliegenden Straßen und Gassen. Man sieht den Herrn Bürgermeister mit Gehrock und Zylinder, die Frau Lehrerin mit Haube und Nickelbrille, den Doktor mit Fischerhemd und Schiebermütze und den Direktor mit Holzschuhen und Manchesterhosen durch die Budenreihen schlendern. Sie schauen Handwerkern zu bei der Ausübung ihres traditionellen Könnens. Da werden Körbe geflochten, Eisen geschmiedet, Löffel geschnitzt und Sensen gedengelt. Neben allerlei Schnickschnack werden altes Leinen, regionale Trachten, aus-

—Legende—

△ 190	Waldgebiet, Höhe in m üb. NN.
▓	Bebaute Fläche
—··—··—	Landesgrenze
—·—·—	Gemeindegrenze
-------	Eisenbahn
▬▬▬	Bundesstrasse
———	Landesstrasse
———	Kreisstrasse
═══	Kanal, Fluß
———	Bach
·········	Wanderweg
⚑	Burg, Schloß
✝	Kirche, Kapelle
LSG	Landschaftsschutzgebiet
ND●	Naturdenkmal
≈	Freibad, Hallenbad
⊙	Aussichtsturm
✈	Segel- u. Motorflugplatz
🏭	Umspannungsanlage
▲	Schulzentrum

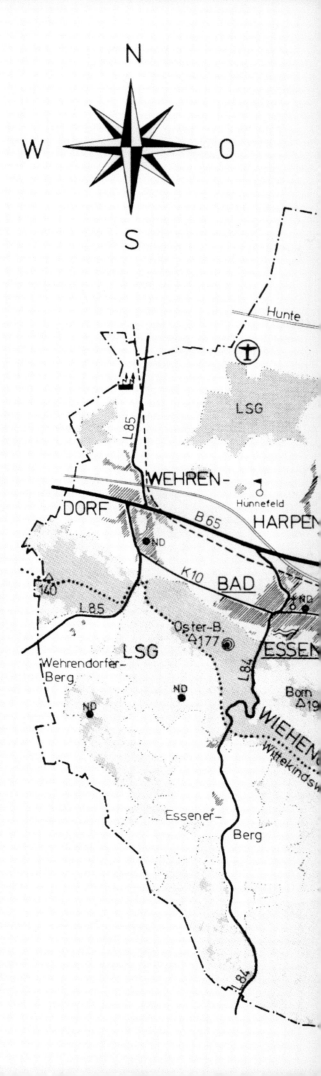

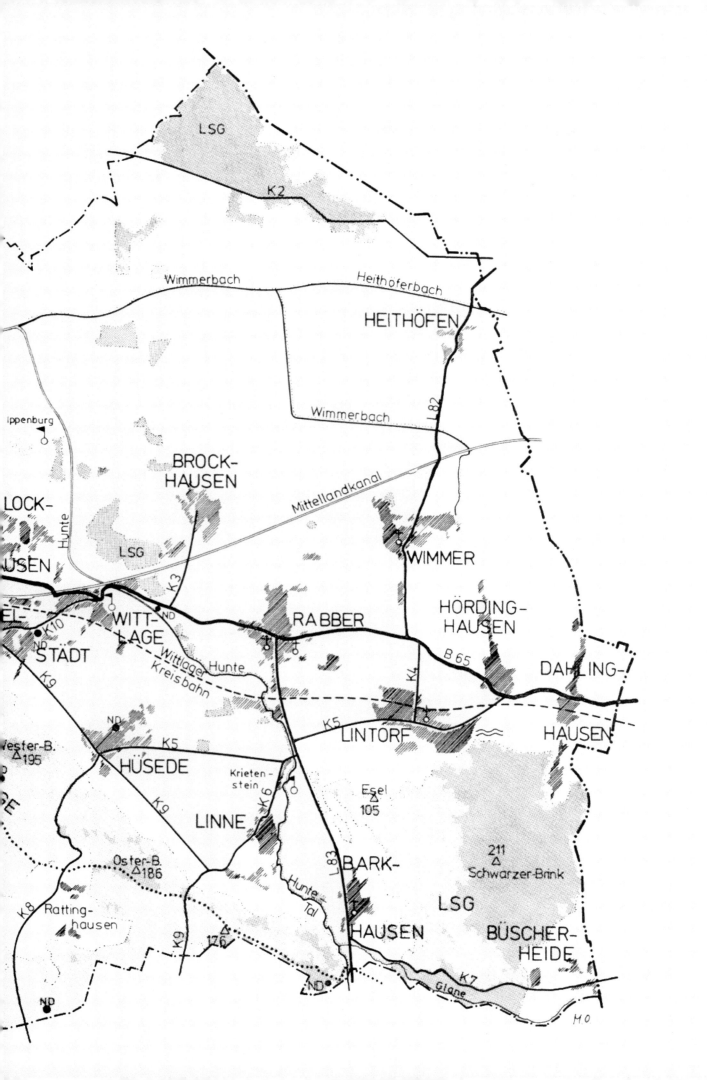

gefallene Antiquitäten und hübsches Kunsthandwerk feilgeboten. Pickert, Dampfkartoffeln und Spanferkel werden für die Hungrigen gesotten, gebacken und gebraten. Wahre Heerscharen von Besuchern lassen sich von dem ganz besonderen Flair dieses Marktes gefangen nehmen. Sie stellen dabei unter anderem fest, daß man in Bad Essen alles mögliche trinkt, aber nur ganz selten Wasser.

Bad Essen, Kirchhofspeicher
Erbaut ca. 1550, restauriert 1997

Bad Essen, Kirchplatz St.-Nikolai-Kirche

Bad Essen, Kirchplatz
Häuserzeile Nr. 27 bis 33

Bad Essen, Alte Apotheke
Nikolaistraße 28

Bad Essen, Alte Apotheke
Historischer Verkaufsraum

Bad Essen, Dielentor
Lindenstr. 10

Bad Essen
Nikolaistraße 26 a

Bad Essen, Historischer Markt auf dem Kirchplatz

Bad Essen, Historischer Markt
auf dem Kirchplatz

Wehrendorf, 900-Jahr-Feier

Wehrendorf, 900-Jahr-Feier

Kunstschule in Bad Essen e. V., Alter Bahnhof
Schülerarbeiten

Bad Essen, Stein und Stahl, Hollenberg BVG
Essener Straße, Außengestaltung

Bad Essen, Hollenberg BVG
Essener Straße, Eingangsbereich

Konferenzsaal der Hollenberg BVG

Bad Essen, Stahltor im Kurpark
Roland Kaiser

Bad Essen, Klangspiel im Kurpark

Bad Essen, Wassermühle
Bergstraße

Bad Essen, Herrenhaus des Meyerhofes
Am Freibad

Chinesischer Pavillon
auf der Peter Rickmers Wiese

Das Fachwerk

Die für Nordwestdeutschland charakteristische Jahreszeit ist die Übergangszeit. Sie verbindet alljährlich für ca. 4–5 Monate den meist schneearmen Winter mit dem nur selten heißen Sommer und führt anschließend erneut etwa 4–5 Monate lang zurück zu Väterchen Frost. Bei diesem nur tiefe Barometerstände kennenden Klima ist es ganz besonders wichtig, ein solides Dach über dem Kopf zu haben. In Bad Essen wird dieses traditionell getragen von einem stabilen Fachwerk. Die genialen Baumeister des Mittelalters, die aus solidem Stein großartige Burgen und Kirchen errichteten als Zeugnisse ihres Könnens für die Ewigkeit, erfanden das Fachwerk als erste Leichtbauweise mit Langzeitwirkung. Von ihren Geistesblitzen profitieren bis heute alle Stahlbeton- und Gipskartonbauer. Zunächst erstellten sie ein festes, verwindungssteifes Gerüst aus aufrechten Ständern, zwischen die sie diagonal und waagerecht gleichstarke Riegel einzapften. In die so entstandenen Gefache setzten sie Staken aus harten Buchen- und Eichenästen, zwischen und durch die biegsame Weiden- und Nußbaumzweige horizontal geflochten wurden. Dieses von den kräftigen Balken gehaltene, eng vernetzte Gitterwerk verputzten sie schließlich mit einem Gemenge aus Lehm und Strohhäcksel, das eine ordentliche Portion Kuhdung streichfähiger machte. Mit dieser Technik waren lange und vor allem hohe Außen- und Innenwände auf Dauer machbar. Fortan konnten unsere Ahnen auf Höhle, Erdloch, Laubhütte oder Zelt verzichten und sich aufrecht stehend zuhause fühlen. Die Wiederstandsfähigkeit der Wände erweist sich eindrucksvoll bei dem Versuch, sie mit einem zehnpfündigen Vorschlaghammer abzubrechen. Außer etwas abplatzendem Putz ist nur ein elastischer Rückstoß zu registrieren, der der Schulter, aber nur wenig dem Bauwerk schadet. Fachwerke in den unterschiedlichsten Formen prägten über Jahrhunderte die Stadtbilder Mitteleuropas, wobei die Experten an der Art der Anlage und deren Ausführung eine sehr präzise regionale Zuordnung vornehmen können. Was den Städten recht, ist dem Land nur billig. Eine der schönsten Fachwerkkonstruktionen bis heute ist das niedersächsische Hallenhaus, das Bad Essen und den umliegenden Dörfern einen unverwechselbaren Charakter verleiht. Dieser Haustyp kam und kommt den Bauern sehr entgegen. Er stillt das traditionelle, altgermanische Bedürfnis, Mensch,

Tier und Ernte, den gesamten Hausstand, unter einem Dach zu versammeln und unterzubringen. Vielleicht noch bedeutender war, daß alle Baumaterialien von der umgebenden Natur kostengünstig zur Verfügung gestellt wurden. Zu jeder Hofstelle gehörte wie der Brunnen ein Eichenhain. In ihm standen wahre Stammgiganten. Ihr krustiger Umfang konnte von einer Person unmöglich umarmt werden und von zweien nur dann, wenn sie sich ganz knapp an den Fingerspitzen berührten. So durften die Ständer und Riegel für den Hausbau getrost ein wenig großzügig dimensioniert sein. Jede Generation war gehalten, den Bestand zu pflegen und stets für ausreichenden Baumnachwuchs zu sorgen, damit auch ihre Ururenkel qualitätsvolles Bauholz fällen konnten. In der Zeit bis dahin tat sich unter den ausladenden Kronen manches Schwein an den Eicheln gütlich und sorgte für kernige Schinken, dicke Speckseiten und haltbare Würste am Wiemen über der Herdstelle.

Im Wiehengebirge lagen reichlich Bruchsteine herum für die Fundamente. Auf diese stellte man die aufrechten Ständer und die querliegenden Schwellenhölzer, nachdem man die Erfahrung gemacht hatte, daß deren Eingraben in den Boden zwar der Festigkeit des Hauses dienlich, der Haltbarkeit aber abträglich war. Im Kontakt mit der feuchten Erde waren sie nach spätestens 50 Jahren vermodert, selbst wenn sie aus bestem Kernholz bestanden. Durch die steinernen Füße der direkten Bodennässe entzogen, brauchten sich die stolzen Hofbesitzer 200 und mehr Jahre keine Sorgen um die Statik der haustragenden Teile zu machen. Die elastischen Weidenzweige für die innere Gefachefüllung konnten in etwa vierjährigem Rhythmus von den Kopfweiden geschnitten werden, die nicht nur an der Hunte, sondern an allen Bächen und Gräben Spalier standen. In den Zeiten, wo nicht Bedarf am Bau bestand, flocht man aus den Weidenruten kunstvoll Körbe und Hühnernester, eine Fertigkeit, die heute noch in den Dörfern gepflegt wird. Verpönt dagegen ist es heute, sie mit Leim zu bestreichen und als Vogelfalle zu gebrauchen. Diesseits der Alpen stehen Singvögel nicht mehr auf dem Speiseplan. Sind die knorrigen Stumpen ihres Kopfschmuckes beraubt, nutzten Wildenten die freigewordenen Flächen gerne als sichere Brutstätten. Deshalb werden in Bad Essen die wenigen verbliebenen Kopfweidensäume gehegt und auch wieder neue angelegt, obwohl auch hier Stahl und Plastik die Weidenrute weitestgehend verdrängt haben, in der Bauindustrie wie bei der Körbeproduktion.

Schwarzbrot und Pumpernickel aus Roggenmehl war Grundnahrungsmittel auf den Höfen. Das reichlich anfallende Stroh diente dem Vieh als Ruhekissen, aber nur zu einem kleinen Teil. Das meiste Langstroh brauchte man für das ausladende Dach. In dichten, gleichmäßigen Lagen wurde es, an den Traufen beginnend, auf die Dachlatten gebunden bis zum First, der abschließend mit Heidekraut-Plaggen abgedichtet wurde. Dieses so behütend anmutende Strohdach war allerdings der Schwachpunkt des Bauernhauses in Niedersachsen, das ansonsten wie seine Bewohner sturmfest und erdbebensicher war. Obwohl es zwischenzeitlich immer wieder ausgebessert wurde, daß es den zeitgenössischen Betrachter an eine geflickte Arbeitshose erinnerte, mußte es etwa alle 25 Jahre komplett erneuert wrden. Das war zwar nicht kosten-, doch recht arbeitsintensiv. Oft mußte man aber noch viel früher zur außerplanmäßigen Hilfe die Nachbarn zusammentrommeln. Wenn sich einmal wieder der »Rote Hahn« auf das Dach gesetzt hatte, für den die Strohbedeckung außerordentlich empfänglich war. Von jedermann gefürchtet war das Anschlagen der Brandglocke, die in allen Dörfern, an zentraler Stelle für jedermann schnell erreichbar, aufgehängt war. Ihr Geläut schmiedete die Dorfgemeinschaft zusammen, ließ alle kleinen nachbarschaftlichen Zwistigkeiten vergessen. Sehr früh schon gründeten sich freiwillige Feuerwehren, die auch heute noch sehr aktiv sind. Allerdings haben sich die Schwerpunkte der Arbeit verlagert. Einsatzschwerpunkt sind jetzt die Bundesstraßen, wo Retten, Sichern und Bergen im Vordergrund stehen, während das Löschen weniger geworden ist, seit die Bauern »steinreich« geworden sind und sich und ihre Häuser mit tönernen Dachziegeln eindecken konnten. Die tiefverwurzelte Angst vor der immer drohenden Feuergefahr zeigt sich bis heute an den Spruchbalken. Als Visitenkarte des Hauses ziert er die Front oberhalb des breit ausladenden und freundlich einladenden, vier- oder sechsgeteilten Dielentores. Neben dem Baujahr und dem Namen von Bauherrn und Baumeister ist in den Balken kunstvoll eingeschnitten ein meist frommer Wunsch. Gesundheit, Frieden und ein gesichertes Einkommen treten darin oftmals zurück hinter die flehentliche Bitte, vor einem Feuer verschont zu bleiben. »Lieber guter Florian, beschütz mein Haus, zünd andere an!« Vielerorts wurden in den letzten zwei Generationen die Fachwerkhäuser fast flächenräumend geschliffen. Sie wurden durch Klinkervillen, Winkelbungalows, Fertighäuser und Stahlbetonhallen ersetzt. In Bad Essen ging man mit dem baulichen Kulturgut bewußt pfleglicher um. Weder öffentliche Mühen noch private Kosten wurden gescheut, um Hofstellen, Heuerlingshäuser, Mühlen, Speicher und selbst einfache Ställe liebevoll wieder aufzubauen, zu restaurieren und sie den zeitgemäßen Ansprüchen anzupassen ohne ihren typischen Charakter zu verwässern. Die durch weiß verputztes Mauerwerk ausgefüllte stabile Holzgeometrie, die ein rotes Ziegeldach stützt, ist so bis heute prägend für das Dorfbild am Wiehengebirge. Die individuellen Privathäuser, die kleinen Ladengeschäfte, die gemütlichen Gaststätten, die urigen Kneipen und die freundlichen Pensionen gewinnen eine ganz besondere, anheimelnde Atmosphäre durch die mächtigen Deckenbalken und die stabil gegründeten Ständer mit den anmutig geschwungenen Kopfbändern. Jede Kerbe und jedes Zapfloch, jeder vergessene, handgeschmiedete Eisennagel atmet Tradition und Geschichte. Wenn in so einem Raum dann noch ein offenes Kaminfeuer wohlige Wärme verströmt, ist man versucht, von der »guten, alten Zeit« zu schwärmen. Doch hier ist Vorsicht geboten. Heute zum Standard gehörende, zentral regulierte Fußbodenheizung, isolierende Thermopenverglasung und wind- und wasserabweisendes Hohlsteinmauerwerk waren noch nicht erdacht. Es gab nicht einmal einen Schornstein, ganz zu schweigen vom elektrischen Licht. Vincent van Gogh hat in seinem berühmten Bild »Die Kartoffelesser« die Fachwerkhäusler beim Mittagessen gemalt. Deren bleichblasse Gesichtsfarbe und deren rotgeränderte Augen sind nicht Ausdruck künstlerischer Freiheit, sondern waren reale Folge des historischen Wohnklimas. Die Zeit war wohl doch nur alt und nicht per se gut.

Hüsede, Backhaus I

Bad Essen, Landhotel Buchenhof
Bergstraße 26

Harpenfeld, Dorfschmiede

Impressionen

Wehrendorf, Dielentor
Osnabrücker Straße

Hüsede, Dorfglocke

Barkhausen, Schoos Mühle
Buer Straße

Bad Essen, Dahlinghausen
Ausstellungs- und Informationszentrum der Firma Kesseböhmer

Ausstellungs- und Informationszentrum der Firma Kesseböhmer – innen

Ausstellungs- und Informationszentrum der Firma Kesseböhmer – innen

Barkhausen, Fachwerkhaus
Buer Straße

Burgen und Schlösser

Wie es sich für eine ordentliche Gemeinde geziemt, hat auch Bad Essen als erwähnenswerte Sehenswürdigkeiten eine Burg, die in Wittlage, und zusätzlich zwei Schlösser, Hünnefeld und Ippenburg. Der Osnabrücker Bischof Engelbert von Weihe setzte zwischen 1309 und 1313 in Wittlage unmittelbar neben die Huntefurt an der Straße nach Minden eine klotzige Burg. Er war die Scharmützel mit den Ravensbergern und die Begehrlichkeiten des Bistums Minden leid. Mit diesem trutzigen Vorposten schützte er sich und seine Klientel vor dem Landhunger seiner wenig geschätzten Nachbarn. Diese Verteidigungsfunktion hielt wohl nicht sehr lange an. Im Jahre 1514 besteht die Wittlager Burgbesatzung aus Koch, Hopfner, Müller und Schulte, Pferde-, Groß- und Kleinknecht, Kuh- und Schweinehirt, der Meierschen und einem Küchenjungen. Außer vielleicht dem Schließer und dem Türmer beherbergte diese martialische Abschreckungsanlage mit dem bis heute erhaltenen klotzigen Turm keinerlei militärisches Personal. Die Burgmannschaft versorgte in erster Linie sich selbst und den Drosten, jenen mittelalterlichen Verwaltungsdirektor, der in der Aula residierte, einem zu Beginn des 15. Jahrhunderts angebauten Nebentrakt. Die Burg war unter seiner Leitung über Jahrhunderte Sitz des Gogerichts »up der Angelbekke unde to Osterkappeln«, wo unsere Ahnen ihr Straf-, Zivil- und Verwaltungsprozesse führten. Heute trifft man sich auf der Burg nicht zum spannenden Streit, sondern zur friedlichen Entspannung. Drost zu Wittlage war um 1390 ein gewisser Johan von dem Bussche, vormals Burgmann auf Limberg, dem heutigen Preußisch Oldendorf zugehörig. Damals konnte noch niemand ahnen, welche besondere Bedeutung er und seine Nachfahren, die von dem Bussches, für die Region bis in das 3. Jahrtausend hinein erlangen würden. Jenem Johan gehörte ein Jagdhaus in den sumpfigen Niederungen bei Harpenfeld, das er zu einer standesgemäßen Burg, seiner Ippenburg, auszubauen gedachte. Dem Bischof von Osnabrück war die Bauvoranfrage nicht ganz geheuer, und er machte zur Auflage, daß sie in Leichtbauweise ohne Verwendung von Steinen zu errichten sei und sie ihm stets offen

zu stehen habe. Johan gelobte dies und hielt sich auch bedingt an sein Ehrenwort. Allerdings stellte er die in leichtem Fachwerk erbaute Ippenburg auf einen soliden, mächtigen Steinsockel, der lediglich von einigen Schießscharten durchbrochen war. Das Eingangstor war nur über eine Zugbrücke zu erreichen, denn das wenig einladende Ensemble umgab zusätzlich ein Graben und eine Wallanlage. Die Bauabnahme durch den Bischof wuchs sich zu einer langen Belagerung aus. Unverrichteter Dinge, ohne Hausbesichtigung zogen die episkopalen Truppen ab, und dem Hausherrn flatterte der Kirchenbann ins Haus. Für Johan bedeutete dies, daß er nach seinem Tode nicht bestattet, sondern auf dem Felde vor der Ippenburg »verscharrt« werden mußte, wie es nach damaligem Sprachgebrauch hieß. Nur am Rande sei erwähnt, daß seine Nachfahren gegen einen ordentlichen pekuniären Ablaß die Erlaubnis erhielten, den Leichnam später auf geweihtem Boden zu begraben. Das Wappen derer von dem Bussche mit den drei Pflugscharen war den Obrigkeiten in Osnabrück ein Dorn im Auge. Für die Bewohner Bad Essens stand und steht es vielfach bis heute für gesellschaftliches Engagement. Das Wappen entdeckt der aufmerksame Besucher allerorten, wo der heimische Adel Schutz- und Nutzverpflichtungen für die Eigenbehörigen übernahm. Sie erbauten und unterhielten die Kirchen. Sorgten für regelmäßigen Schulunterricht der Kinder, indem sie Schulen errichteten und überdies für das Gehalt der Lehrer aufkamen. Für die Armen schufen sie Unterstützungsfonds und für die Alten und Kranken die notwendigen Pflegeeinrichtungen. Über all diesem sozialen Tun vernachlässigten sie nie ihre eigenen wirtschaftlichen Belange. Sie waren sicher bibelfest. Dort steht: »Du sollst deinen Nächsten lieben wie dich selbst«, aber nicht unbedingt mehr als dich selbst.
Nach dem Dreißigjährigen Krieg war die alte Ippenburg nicht mehr ganz zeitgemäß. In ihrer Nachbarschaft wurde 1650 ein stattliches barockes Herrenhaus mit entsprechenden Parkanlagen neuer Wohnsitz derer von dem Bussche für die nächsten 200 Jahre. Vom Steinschwamm unrettbar befallen, mußte die Ippenburg II 1862 abgerissen werden. Geblieben ist von ihr unter anderem jene mächtige Glocke, die im Park etwas verborgen auf einem bedachten Stuhl zur Ruhe gekommen ist. Ebenfalls aus der barocken Ippenburgzeit stammen die vier Skulpturen der Tugenden, Misericordia, Constantia, Justitia und Prudentia. Es sind Mitbringsel aus Wien von Albrecht Philip v. d. Bussche, der bis zum Ende des 17. Jahrhunderts dort als Gesandter im Dienste des Staates tätig war.

Auf den Fundamenten des alten Herrenhauses gegründet ist das derzeitige Ippenburger Schloß. Zwischen 1862 und 1867 bauten es ausschließlich heimische Handwerker im damals gerade aktuellen Stil der Neugotik. »Dabei werden dem Sakralbau angemessene Elemente auch bei Profanbauten eingesetzt«, erläutert ein Lexikon der Stilkunde. Für den unbefangenen Besucher ist die Ähnlichkeit mit einem prächtigen Kirchenbau augenfällig. Ihm fällt es aber schwer, das hundertzimmrige Ippenburger Schloß mit seinen spitzen Seitentürmen, den aufgesetzten Gauben, den hohen, breiten Erkern und den von Zinnen gekrönten Giebeln nun gerade »profan« zu nennen. Ippenburg ist kein Museum, sondern wird von der Familie von dem Bussche bewohnt und bewirtschaftet. Auf den etwa 700 zugehörigen Hektar wird intensive Landwirtschaft und in den angegliederten Wirtschaftsbauten tierische Veredlung auf höchstem Niveau betrieben. Mehrmals jährlich öffnen sich die Schloßtüren für einige interessierte Gäste zu kulturellen Veranstaltungen. Sie genießen in der gediegenen Atmosphäre Konzerte oder Lesungen. Einmal im Jahr aber drängen sich die Besucher auf, in und um Ippenburg. Das Gartenfestival, erwachsen aus dem hortikulturellen Hobby der Freifrau, ist seit einigen Jahren ein überregional bedeutsames Ereignis. Von weit her pilgern vom »Country living« angetane Besucher nach Lockhausen, um sich von frischen Ideen inspirieren zu lassen oder sich mit ausgefallenen Pflanzen, geschmackvollen Accessoires und qualitätsvollen Geräten einzudecken. Die besondere Atmosphäre dieser kreativen Gartenschau ist aber auch für den genießenswert, der nur zwei Blumenkästen am Balkon in der 8. Etage zu beackern hat.

Nur ein paar Steinwürfe von Ippenburg entfernt liegt das sehr viel ältere Schloß Hinnefeld, das Albert von den Bussche, ein Enkel des kirchengebannten Johans, zur Erweiterung seiner Liegenschaften 1447 von Bernard und Lutmolt von Dehem erwarb. Bis 1598 wurden die Güter Ippenburg, Hünnefeld und zusätzlich das bei Minden gelegene Lohe zentral bewirtschaftet und verwaltet. Dieses Titanenmanagement bewältigte die Witwe des Clamor von den Bussche, Anna von Ascheberg, 30 Jahre lang alleine. Nach dieser Erfahrung in weiser Vorausschau teilte sie die Besitztümer unter ihren Söhnen auf. Albert erhielt Ippenburg, Johann ging nach Lohe, und Gerhard Clamor zog nach Hünnefeld, das damals noch aus einer Ober- und einer Unterburg bestand. Gerhard Clamor schliff zunächst die Unterburg, um Platz für einen Wirtschaftshof zu schaffen, der in seiner Struktur noch heute besteht. Dessen mächtige Mauern hinter dem breiten Graben mit den leicht zu sichernden Tordurchlässen zeigt, das man damals den Betriebsschutz schon sehr ernst nahm. An Stelle der Oberburg baute er sich als Domizil das jetzige Herrenhaus. Nachfolgende Generationen fügten zwei Seitenflügel stilgerecht hinzu, daß sich heute das Schloß dem Besucher als beispielhafte Anlage der Spätrenaissance präsentiert. Schöne Schlösser dieser Epoche sind auch andernorts zu bewundern. Eine absolute Rarität, dazu noch eine kuriose, ist der 1710 nach französischem Vorbild errichtete runde Taubenturm auf dem Wirtschaftshof. Die etwa 200 Einfluglöcher lassen hochrechnen, daß etwa 1000 Tauben dort ihr Quartier haben, ein typischer Fall barocker Massentierhaltung. Die vielen gurrenden Flieger hielt man nicht als Eilbriefträger, sondern als kulinarische Leckerbissen. Bei dem riesigen Angebot war früher eine Einladung zum Essen auf Hünnefeld sicher eine liebend gern wahrgenommene Pflicht. Obwohl die sprichwörtlichen, gebratenen Tauben ein Privileg des Adels waren, ist es historisch verbürgt, daß die Hünnefelder, die Standesgrenzen überwindend, auch ihren Leibeigenen, wenn diese kränkelnd oder schwächelnd waren, eine kräftige Taubensuppe zukommen ließen. Nicht nur das Fleisch, sondern auch der Kot der Tauben war damals als hochwertiger Dünger geschätzt. Guano aus dem fernen Chile war hier noch nicht erhältlich. Vermutlich karrenweise wurde der Taubenmist um 1800 vom Wirtschaftshof hinter das Schloß geschoben, als Clamor Adolph Theodor den Barockgarten zu einem englischen Landschaftspark umstrukturierte. Nicht nach einem geometrischen Muster, sondern nach den natürlichen Gegebenheiten und Ansprüchen platzierte er eine Vielzahl exotischer Bäume und ließ sie sich entfalten. Was vor 200 Jahren mit kleinen Setzlingen begann, hat sich unter der vorsichtigen Pflege von Generationen zu einem unschätzbaren botanischen Juwel ausgewachsen. Wer heute sich im Park von Hünnefeld an den mächtigen Mammutbaum lehnt, den Wind in den Zweigen des Sassafras hört oder sich vom mächtigen Gingkobaum beschatten läßt, sollte sich ganz gegen den Zeitgeist bewußt machen, daß Ideen und Investitionen sich nicht immer unverzüglich rentieren müssen, sondern daß man ihnen auch einmal Zeit gewähren muß, bevor sie zu ihrer eigentlichen Geltung kommen.

Schloß Hünnefeld, Parkanlage

Schloß Hünnefeld, äußerer Schloßgraben

Schloß Hünnefeld, Südtor mit Taubenturm

Schloß Hünnefeld, Taubenturm und Wirtschaftsgebäude

Schloß Hünnefeld, Südseite mit innerem Schloßgraben

Schloß Hünnefeld, Innerer Schloßgraben mit Parkanlage

Schloß Hünnefeld, ehemaliger Hühnerstall

Schloß Ippenburg

*Schloß Ippenburg,
Südwestseite*

*Schloß Ippenburg,
Südseite*

Schloß Ippenburg, Gartenterrasse

Schloß Ippenburg, Alte Turmglocke

Schloß Ippenburg, Wirtschaftsgebäude

Die Kirchen

Kirchtürme sind für jedes Dorf stets Visitenkarte, Wahrzeichen und Wegweiser zugleich. Das gilt auch für Bad Essen und die umliegenden Dörfer. An eine feste Burg erinnert der Turm von St. Marien in Bad Essen. In Rabber stehen einträchtig nebeneinander der achteckige Turm der Marienkirche und der Backsteinbau der Dreieinigkeitsgemeinde. In Barkhausen führt die Jahreszahl 1783 am Turm der Katharinenkirche in die Irre. Das Kirchenschiff ist dem Baustile nach sehr viel früheren Datums, wahrscheinlich schon aus dem 13. Jahrhundert. Noch älter ist die Kirche St. Nikolai, deren grünpatinierte Turmhaube den von Wehrendorf kommenden Besucher begrüßt. Zu Beginn des 11. Jahrhunderts als Eigenkirche des Meyerhofs gegründet, wird sie 1224 erstmalig urkundlich als Pfarrkirche erwähnt. Dieser Beförderung dienlich war gewiß, daß der aus karolingischer Zeit stammende Haupthof um 1075 dem Osnabrücker Bischof Benno II. zum Lehen überschrieben wurde vom Grundherrn Gisilbert nebst Gattin Cuniza. Die beiden waren von uraltem sächsischen Geschlecht, wie die Namen zeigen, aber schon christlichen Glaubens.

Ihre Ahnen hatten sich sehr lange gegen die Missionierung aus dem Süden gesträubt. Als die Burgunder, Franken, Alemannen und Langobarden sich bereits seit zwei Jahrhunderten unter dem Kreuz versammelten und selbst die Bayern und Friesen schon seit 3 Generationen das »Paternoster« beherrschten, glaubten die Sachsen noch nächtens Odins wilde, verwegene Jagd zu hören, ließen Thor seinen Hammer schwingen und dankten Freyja für die Geburt eines kräftigen Stammhalters. Im achten und neunten Jahrhundert mußte der Franke Karl, der nicht nur wegen seiner Körperlänge von 1,82 m der »Große« genannt wurde, wiederholt mit Ross und Tross Teutoburger Wald und Wiehengebirge überqueren, um den Sachsenhäuptling Widukind christliche Mores zu lehren. Priester aus Osnabrück und Mönche aus Minden machten sich anschließend mit Bibel und Katechismus auf den beschwerlichen Weg, um von Wehrendorf bis Büscherheide die frohe Botschaft zu verkünden. Als erste Gotteshäuser bauten sie Kapellen in Lintorf, Wimmer, Rabber, Barkhausen und Essen, deren Fundamente bis heute Bestand haben.

Die Lehre wurde für gut befunden, aber die bescheidenen Niedersachsen hatten Probleme, sich mit dem maßlosen Geschäftsgebaren und dem mittelalterlichen Pomp der römischen Kirche anzufreunden. So ist es nicht verwunderlich, daß die 99 Thesen an der Tür der Wittenberger Schloßkirche da schon mehr nach ihrem Geschmack waren. Gerhard Hecker, ein Lehrer Martin Luthers aus Erfurt, predigte 1521 in Osnabrück mit durchschlagendem Erfolg. In der Stadt und auf dem Land wurde man protestantisch. Man ahnte allerdings noch nicht, wie wechselvoll die nächsten 100 Jahre werden würden. Zunächst hatten die Aktivitäten der Wiedertäufer aus Münster Wirkungen bis ins Osnabrücker Land. Der Protestantismus wurde schwächer, bis er 1543 durch eine Predigt von Hermann Bonnus aus Lübeck wieder entfacht wurde. Dann versuchte der Schmalkaldener Krieg 1548 die evangelischen Predigten zu verbieten, die 1552 nach dem Passauer Vertrag wieder frei gehalten werden durften. Dieses Hin und Her währte bis zum 30jährigen Krieg.

Über das konfessionelle Gependel in der Essener Region gibt es einen aufschlußreichen historischen Report. Eitel Friedrich von Hohenzollern Sigmaringen, der Bischof von Osnabrück, sandte den Jesuiten Lucenius 1624 zur Visitation über Land, um sich bei diesem Durcheinander Klarheit zu verschaffen, welcher Konfession sich die Stelleninhaber in den verschiedenen Pfarren der Diözese aktuell zugehörig fühlten. In Lintorf besuchte dieser den Pfarrer Hülsmann. Der bekannte sich ohne Wenn und Aber zur evangelischen Religion, was für den geistlichen Gast auch schon daran zu erkennen gewesen wäre, daß der Herr Pastor Ehefrau und zwei Kinder hatte. Da die Rundreise im Auftrage des Bischofs nicht der Statistik, sondern der Rekatholisierung diente, wurde Hülsmann fristlos entlassen. Für ihn erhielt die Pfarre in Lintorf der Priester Richter aus Hördinghausen. Da damals die Geistlichkeit auch nicht nur für Gotteslohn tätig war, forderte der geschasste Pfarrer von seinem Nachfolger das entgangene Salär mit vorgehaltenem Schießeisen ein. Nach einem Jahr wechselte das Lintorfer Amt wieder von Herrn Richter zu Herrn Hülsmann, aber nur für kurze Zeit. Mit dem Vorrücken der kaiserlichen Truppen kam es erneut zum Wechsel von protestantisch zu katholisch, mit gleicher personeller Besetzung. Schließlich feuerten wieder nach kurzer Weile die dann durchziehenden Schweden den zölibatären Pfarrer Richter und ersetzten ihn wie gewohnt durch einen evangelischen Pastor. Beendet wurde das bitterernste Religionswechselspiel 1650. In der capitulatio perpetua wurde festgeschrieben, welcher Konfession jedes Kirchspiel zugehörig sei, und zwar für alle Zeiten, soweit man es damals überblicken konnte. Seither ist Bad Essen mehrheitlich protestantisch.

Die einfachen Bauern und Bürger wurden in ihrer Gläubigkeit an den einen liebenden Gott durch diese Irrungen und Wirrungen nicht tiefgreifend erschüttert, aber in ihrem Vertrauen in dessen vermeintliche Vertreter auf Erden. Das ist bis heute angenehm zu spüren. Es gibt in der Region eine christliche Religiosität, aber keinen missionarischen Absolutismus, durchaus Frömmigkeit, aber keine Bigotterie. Es gilt bis heute das Motto des Alten Fritz: »Jeder solle nach seiner Facon selig werden.« Es herrscht ein friedlicher Zustand der konfessionellen Toleranz. So konnte im 19. Jahrhundert neben der bestehenden evangelisch-lutherischen Kirchengemeinde eine selbstständige Evangelisch-Lutherische Kirche in Anlehnung an die Hermannsburger Mission gegründet werden. Nach dem Zweiten Weltkrieg konnten die vielen katholischen Flüchtlinge und Heimatvertriebenen eine eigene Kirchengemeinde in Bad Essen aufbauen und die Marienkirche errichten. Bereits seit 1919 stand den Katholiken die St.-Josephs-Kapelle für ihre heilige Messe zur Verfügung. Die Neuapostolische Kirche hält in Bad Essen ihren Gottesdienst ab, und in Linne in der Türkisch-Islamischen Moschee können die Moslems ihre Gebete verrichten. Viele Aussiedler aus den Staaten der ehemaligen Sowjetunion ließen sich gegen Ende des zwanzigsten Jahrhunderts im Großraum Bad Essen nieder und gründeten die Mennoniten-Brüdergemeinde in Wimmer und Baptistengemeinde in Lintorf mit einem eigenen Bethaus. Derzeit sind in der Samtgemeinde Bad Essen für ihre annähernd 16 000 Einwohner sieben verschiedene Religionsgemeinschaften offiziell registriert, und man lebt einträchtig zusammen und miteinander. Anhänger des alten, vorchristlichen Germanenglaubens gibt es allerdings nicht mehr, obwohl manchen Häusergiebel gekreuzte Pferdeköpfe oder ein Geckpfahl ziert, beides vermeintlich urgermanische Religionssymbole. Die ersteren sollen an Wotans Rosse erinnern und der bunte, geschnitzte Giebelstock an die Irminsäule, die sächsische Stütze des Weltalls. Das hört sich gut an, ist aber (leider) falsch. Baukunsthistoriker konnten zeigen, daß diese Art von Hausschmuck erst 1000 Jahre nach der Christianisierung entstanden ist als reine, kreative Spielerei der Zimmerleute. Die pseudoreligiöse Sinnbetrachtung kam erst viel später hinzu, als alles Urdeutsche in Mode kam. Die Kirchenbauten in Bad Essen sind Ausdruck der hier gelebten, sich auf das Wesentliche besinnenden Gläubigkeit. Ihnen fehlt alles Prächtige, Pompöse und Protzige. Bunte, überladene Malereien, goldbelegte Säulen und schnörkelige Girlanden sucht man bei ihnen vergeblich. Sie sind eher gekennzeichnet durch eine bescheidene Strenge, dem eigentlichen

Gottesdienst ziemende Schlichtheit. Dennoch ist manches künstlerische Kleinod in ihnen zu entdecken, wie etwa die aus dem Jahre 1671 stammende Kanzel in Barkhausen oder die kleine Skulptur der Anna Selbdritt in der evang.-lutherischen Kirche von Rabber. Im Turm der Lintorfer Kirche lohnt sich ein Blick auf die Kapitelzonen mit den altertümlichen Masken und allegorischen Tierdarstellungen. Hohes Steinmetzkönnen repräsentieren die Grabplatten in der Nikolaikirche von Bad Essen. Die eindrucksvollste ist die von Albrecht v. d. Bussche-Ippenburg (gest. 1602) und seiner Frau Hedwig von Münchhausen (gest. 1636) außen neben dem Renaissanceportal. Hierhin wurde sie verlagert, weil die Füße der vielen Besucher den so kunstvoll bearbeiteten Sandstein abzuwetzen drohten. In den Kirchen wurden aber nicht nur klerikale Kunstschätze aufbewahrt, sondern auch recht weltliche Dinge. Der Chronist berichtet, daß in der Lintorfer Kirche über Jahrhunderte ein sogenanntes Wolfsgarn lagerte. Das riesige Netz brauchte man bei der Jagd auf Isegrimm, der auch am Wiehengebirge heimisch war. Wahrscheinlich war es im Einsatz, als 1775 der letzte Graupelz hier zur Strecke gebracht wurde. Danach wurde es noch einige Jahrzehnte im Glockenturm gepflegt, bis irgendein Namenloser das nutzlos gewordene Geflecht verschwinden ließ.

Bad Essen, Kurpark mit St.-Nikolai-Kirche

*Bad Essen, Kriegerdenkmal von 1870/71
mit Blick auf Turmspitze der St.-Nikolai-Kirche*

*Grabplatten, Albrecht von dem Bussche † 1602
und Gemahlin Hedwig von Münchhausen † 1636
St.-Nikolai-Kirche Bad Essen*

Bad Essen, St.-Nikolai-Kirche

*Ausschnitt aus dem Epitaph
Albrecht von dem Bussche Drost † 1560
Bad Essen, St.-Nikolai-Kirche*

Bad Essen, Kanzel der St.-Nikolai-Kirche
Stammt ursprünglich aus der alten Schloßkapelle zu Ippenburg

Lintorf, Johannes-der-Täufer-Kirche

Rabber, Marienkirche

Rabber, Marienkirche, Innenansicht

Rabber, Marienkirche, Hl. Anna Selbdritt
15. Jahrhundert

Bad Essen, St.-Marien-Kirche
katholische Kirchengemeinde

Rabber, Dreieinigkeitskirche

Rabber, Dreieinigkeitskirche

Barkhausen, Katharinenkirche, 13. Jh.

Der Mittellandkanal

Wie Köln den Rhein, München die Isar und Hamburg die Elbe, hat Bad Essen die Hunte, die südöstlich irgendwo im benachbarten Melle-Hustädte aus dem Wiehengebirge entspringt, sich im Gemeindegebiet mit vielen kleinen Bächen zu einem ordentlichen Flüßchen vereinigt, weiter im Norden den Dümmersee bildet, anschließend die Stadt Oldenburg mit Wasser versorgt und schließlich die Weser zu einem Strom werden läßt. Dies ist vermutlich so seit Beendigung der Eiszeit. Den Rang als das auffälligste und wichtigste Gewässer der Region wird der Hunte seit Beginn des zwanzigsten Jahrhunderts von einem Kunstbau streitig gemacht, dem Mittellandkanal.

Der Beschluß, einen Kanal zu bauen, der mitten im Land die Ems mit der Weser, der Elbe und der Havel zu einer gemeinsamen Wasserstraße vernetzt, fiel bereits 1882 im preußischen Parlament. Schon damals waren in unserem Land die Verbindungen von Nord nach Süd besser und enger gewoben als die von West nach Ost, wenigstens was die Verkehrswege betrifft. Eine ganze Generation mußte allerdings noch warten, bis Berlin mit Matjesheringen, Holzschuhen und Gouda auf dem Wasserweg versorgt werden konnte und nebenbei mit den Waren, die aus aller Welt über die holländischen Seehäfen Europa erreichten. In den Jahren 1912 und 1913 gruben die Arbeiter der Firma Polansky und Zöllner in Bad Essen das Bett für das ehrgeizige Zukunftsprojekt, meistens mit Spaten und Schaufel, da Bagger, Radlader und Raupen damals noch Sciencefiction waren. Mancher Kubikmeter Erde wurde bewegt. Schließlich sollte die Anlage mit 3,50 Metern Tiefe und 31 Metern Breite großzügig bemessen sein. Bei dem rasanten Lauf der Entwicklung waren diese Maße bereits nach 25 Jahren erstmalig überholt und dann nach 60 Jahren erneut. Nach zwei Erweiterungen ist heute der Kanal streckenweise etwa 50 m breit und 4 m tief und damit knapp ausreichend, um alljährlich etwa 20 Millionen Tonnen Massen- und Stückgut darauf zu transportieren.

Der meist sandige Boden der Großbaustelle war zwar bearbeitungsfreundlich, zeigte sich aber unersättlich in der Aufnahme von Wasser, was den Ingenieuren und Planern arge Kopfschmerzen bereitete. Gleichmäßig hoher Wasserstand ist unabdingbar für das reibungslose Funktionieren der Binnenschifffahrt. Den Sickerverlust durch ständiges Nachfüllen auszugleichen wäre logistisch und ökonomisch hoffnungslos. Schon damals war das Wassergeld kein Pappenstiel. Die Lösung des Problems lag im Ton, der als natürlich vorkommender Baustoff offensichtlich reichlich im Raum Bad Essen zu finden war und ist. Die hohen Schornsteine der Ziegelbrennereien belegen bis heute dessen intensive Nutzung. Mit frischem festgestampften Ton wurde über weite Strecken die Sohle der Kanalrinne wasserdicht ausgekleistet. Herangeschafft wurde der graue Dichtungskitt vom zu Ippenburg gehörenden Spleteschen Grund. Bis den Transport eine eigens verlegte Lorenbahn besorgte, hatte mancher anwohnende Bauer einige Mark mit Gespanndiensten bei diesem Ultranahverkehr dazuverdient. Trotzdem stand die Bevölkerung dem Großprojekt skeptisch gegenüber. Kein Bauer gibt gerne von seinem Grund und Boden ab, auch wenn er großzügig dafür entschädigt wird. Schließlich ist seine Familie seit Generationen damit verwurzelt und verwachsen. Außerdem stand zu befürchten, daß die reichliche vorhandene Arbeit die Löhne für Hilfskräfte in die Höhe treiben würde. Nur mit den Einheimischen waren die gigantischen Aufgaben aber nicht zu bewältigen. Ein Heer von Wanderarbeitern bezog während der heißen Bauphase Quartier in den Dörfern längs der Trasse. Wahrscheinlich erstmalig hörte man in Wehrendorf, Harpenfeld oder Wittlage polnische, russische oder kroatische Mundart. Man zeigte sich distanziert, aber freundlich gegenüber den »Gastarbeitern«. Nicht gerade sympathiefördernd war das von der Lokalpresse vermeldete Anwachsen der Kriminalität. So wurden einem Bauern eineinhalb Zentner Birnen vom Baum geraubt, einem anderen eine halbe Seite Speck vom Wiemen gestohlen, und einem dritten wurden ein paar Socken von der Leine entwendet. »Es waren gerade die besten«, jammerte er gegenüber dem Lokalreporter. Die so aufregende Zeit war im Dezember 1914 beendet, als der Salondampfer »Schwalbe« als erstes Schiff von Minden kommend offiziell im Kanalhafen von Bad Essen anlegte. Auf eine große Eröffnungsfeier wurde verzichtet, denn inzwischen beschäftigte der Erste Weltkrieg die Menschen mehr.

Das Verhältnis der Anlieger zum Kanal blieb lange zwiespältig. Das Beseitigen von sperrigen, völlig unbrauchbaren vielleicht sogar gefährlichen Haushalts- und Betriebsgegenständen, was wir heute »Entsorgung« nennen, hieß in Bad Essen jahrzehntelang: »Das schmiet man

innen Kanal«. Das war nicht nur eine Redewendung, sondern praktische Handlungsanweisung, wie sich bei den Kanalerweiterungen zeigte. Was dabei alles an die Oberfläche gefördert wurde, ließe heute jeden Umweltbeauftragten den vorzeitigen Ruhestand beantragen.
Das neue künstlich geschaffene Gewässer durchschneidet die Gemeinde, kreuzt natürliche Bäche, Straßen und Feldwege und trennt damit gewachsene An- und Verbindungen. Den Bächen ermöglichen den Kanal unterschneidende Düker, breite Rohrtunnels, ihrem gewohnten Lauf zu folgen. Den traditionellen Wegen und Straßen wurden Brücken geschlagen, vierzehn an der Zahl in der Gemeinde. Sie sind nicht nur verkehrstechnische Funktionsträger, sondern durchaus Aufmerksamkeit verdienende Bauwerke, jedes mit einer ganz eigenen Ästhetik. Die alten Eisenbahnbrücken scheinen behäbig und beständig, errichtet nach einer Bauanleitung, die unserem Metallbaukasten aus der Kinderzeit entnommen wurde. Etwas fragiler ausgeführt, trotz ähnlich massiver Dreieckskonstruktion, die Nebenstraßen- und Feldwegsbrücken, die nur einspurig von Traktoren und Mähdreschern gefahrlos befahren werden können. Bei den locker geschwungenen Bogenbrücken erinnern nur noch die Querverstrebungen an das, was sich ein Normalbürger unter Stabilisierung vorstellt. In Fahrtrichtung betrachtet sind sie wie die Verschnürung eines Korsetts gespannt, in dem die Taille zu einem vergeblichen Sprengungsversuch ansetzt. Der Miederwareneindruck wird noch verstärkt durch die rosa Farbe, in der die Brücke gestrichen wurde. Nicht wie ein zartes Strumpfband, sondern wie solide Hosenträger erscheinen die Aufhängungen der Brücke unter dem Bogen. Absolut sich selbst tragend, fast schwerelos, wirkt dagegen die größte Brücke, die die Bundesstraße luftig und leicht über den Kanal leitet und dem Autofahrer einen wenn auch nur flüchtigen, doch herrlichen Blick auf Bad Essen gewährt.
Der Mittellandkanal, dessen Bau heute die Verwaltungsgerichte für Jahrzehnte mit Verbandsklagen auslasten würde, ist inzwischen fester Bestandteil der Region. Er wäre nicht mehr wegzudenken. Am Ufer haben sich eine Reihe kleiner und mittelständischer Unternehmen angesiedelt, die ihre Logistik über den Wasserweg abwickeln. Aber die dumpf tuckernden, dieselgetriebenen Transportkähne scheinen fast nebensächlich im Kanalleben. Paddel- und Ruderboote, Kajaks und Kanus, Schlauchboote mit Außenbordmotoren und manch schmucke Yacht tummeln sich zur Sommerzeit auf dem Wasser. Selbst Wasserskiläufer sollen schon gesichtet worden sein. Kinder und Jugendliche nutzen die Chance des kostenlosen Badevergnügens und mißbrauchen

trotz wiederholter Verbote die Brücken als Sprungtürme. Besorgte Eltern, die um die Gesundheit ihrer Kinder fürchteten, beruhigte eine chemische und mikrobiologische Wasseranalyse, die dem Kanal eine gute bis sehr gute Wasserqualität attestierte.
Die Angler wußten dies schon immer. Zu allen Jahreszeiten sieht man sie mit und ohne Schirm in stoischer Ruhe am Ufer sitzen. Offenbar baden sie nicht nur ihre Würmer. Manch großer Hecht, Karpfen oder Zander wird von ihnen alljährlich erbeutet und auch ohne bleibende Schäden mit Appetit verspeist. Lediglich gestört werden sie von den Radfahrern mit der, von den Petrijüngern immer ehrlich verneinten, gleichen Frage: »Beißen (S)sie?«. Die zum Kanal parallel verlaufenden Wege sind bei denen beliebt, die ein modernes Trekkingrad ihr eigen nennen, aber noch nicht die Kondition für deren vorgesehenen Einsatz aufgebaut haben. Größere Steigerungen sind nur auf den Brückenzuwegungen zu erwarten. Es ist ein idealer Weg für lange Touren ohne Schweiß. Die bis nahe ans Ufer reichenden Birken, Eschen und Erlen bieten Schatten. Unter den Ginsterbüschen läßt es sich vortrefflich ruhen, rasten und picknicken. Schüttet es urplötzlich wie aus Eimern vom Himmel, findet man Schutz unter einer der vielen Brücken, wo man sich die Zeit mit dem Studium der unzähligen Graffitis vertreiben kann. So erfährt man ganz nebenbei, daß P. K. ganz besonders Gaby gern hat und daß F. T. weniger geschätzt wird. Man kann aber auch den bunten Erpeln zusehen, wie sie sich um die Entendamen balgen, den hektischen Bleßhühnern, wie sie in der Randbekrautung nach Leckerem forschen, oder den stolzen Schwänen, wie sie ihren Nachwuchs in das nasse Element einweihen. Offenbar fühlen sie sich zu Hause. Für sie ist der Mittellandkanal eine willkommene Erweiterung ihres feuchten Lebensraumes, der bis zur Jahrhundertwende eben nur aus der Hunte und deren Nebenbächen bestand.

*Bad Essen, Alte Bundesstraße
im Hintergrund die Schiefe Brücke*

Mittellandkanal bei Bad Essen

Bad Essen – Harpenfeld, Kanalbrücke Nr. 60

Bad Essen, Schiefe Brücke

Auf der Marsch, Brücke bei Wehrendorf

Esch-Brücke bei Wimmer

Wehrendorf, Wittlager Kreisbahnbrücke

Wehrendorf, Stahlringe
Teuto-Baustahlmatten GmbH & Co. KG

Gewerbegebiet Wehrendorf am Mittellandkanal
Teuto-Baustahlmatten GmbH & Co. KG, links
Max Wagner KG, Holzimport, rechts

Lintorf, Firma Hamker
Computergesteuerte Herstellung von Mayonnaise und emulgierten Saucen

Lintorf, Firma Hamker
Vollautomatische Ketchupherstellung in geschlossenen Systemen

Lintorf, Firma Hamker
Automatische Kartonverpackung und Palettierung

Die Landschaft

Die 17 Ortschaften der Gemeinde Bad Essen reihen sich an den nördlichen Hang des Wiehengebirges. Hier beginnt jene norddeutsche Landschaft, wo man schon am Morgen sehen kann, wer zum Abendessen kommt. Noch sehr viel platter war die Gegend im Erdmittelalter vor etwa 130–200 Millionen Jahren. Damals war sie im Wechsel der Klimate Küstenstreifen, Flußschwemmland oder sogar Meeresboden, wie die hier gefundenen Kalksteinschichten mit den eingeschlossenen Muscheln, Tintenfischen und Donnerkeilen beweisen. In einer Phase, als sich das Meer einmal wieder zurückgezogen und das Terrain den Flüssen zur Ablagerung ihrer sandigen und schlammigen Sedimente überlassen hatte, tummelten sich hier Dinosaurier, die bleibende Spuren bei Barkhausen hinterließen. Die Wissenschaft hat aus den 1921 entdeckten Trittsiegeln herausgelesen, daß zwei unterschiedliche Arten von Frühzeitgiganten es sich hier gütlich taten. Die großen an Elefantenfüße erinnernden Spuren stampfte in den Uferschlick ein Sauropode, der offenbar ein reiner Vegetarier war. Die kleineren, dreizehigen Fährten stammen dagegen von einem Megalosaurier, der sich wie der aus dem Jurassic Park berüchtigte Tyrannosaurus Rex eher ein ordentliches Stück Wild zur Mahlzeit wünschte. Daß die Saurierspuren sich heute in abschüssiger Hanglage befinden, verdanken sie einem erdgeschichtlichen Großereignis, das vor etwa 60 Millionen Jahren seinen Anfang nahm. Damals begann auf der Erdoberfläche die afrikanische Kontinentalplatte sich unter die eurasische zu schieben und nördlich des Mittelmeeres die Alpen hochzufalten. Unter dem dabei Richtung Norden ausgeübten Druck bekam die mitteleuropäische, schon stärker ausgehärtete Erdkruste tiefe Risse und durchgehende Sprünge. Die so gebildeten Schollen wurden über-, unter- und durcheinandergedrückt, etwa wie die Eisbrocken am Rande des Mittellandkanals, wenn der Eisbrecher hindurchgepflügt ist. Wo die Scherben sich besonders dick und dicht auftürmten, entstanden zunächst zerklüftete, schroffe Bergketten. In den Steinbrüchen von Wehrendorf oder Barkhausen, wo Sandsteinplatten für Fundamente, Wände, Mauern und Gehwege von den regionalen Baumeistern mühsam herausgepickt wurden, sind die kreuz und quer, krumm und schräg verlaufenden Gesteinsschichten

hinaus auch noch allen ästhetischen Ansprüchen, sind also schlichtweg sehr schön. In Lintorf ist die Firma Hamker ansässig, wo viele Köche eben nicht den sprichwörtlichen Brei verderben, sondern leckere Feinkost zubereiten. Nicht nur Mayonnaise und Ketchup für die neudeutsche Nationalspeise »Pommes rotweiß« steht bei Hamker auf der Produktenkarte, sondern eine ganze Reihe von Salaten, die jedes kalte Büfett krönen und auch die verwöhntesten Gaumen erfreuen. Die Produkte der Firma Kesseböhmer in Dahlinghausen sind in aller Hände, soweit sie in einer Küche tätig und rührig sind. Aus mit Kunststoff überzogenem Draht hergestellte Körbe, die heute in keinem Kühl- und Küchenschrank fehlen dürfen, sind nur ein Produkt der Mitarbeiter in Dahlinghausen. Der Fantasie der Entwicklungsabteilung sind kaum Grenzen gesetzt bei der Verwendung dieser veredelten Stahlprodukte für leichte und dabei haltbare Behältnisse. Bauherren sind heute nicht mehr darauf angewiesen, Holz im Berg zu schlagen oder Steine mühsam zu brechen. Alles was für den Hausbau und dessen Einrichtung von der Kellersohle bis zum Dachfirst an Material nötig ist, hält die Baustoffhandlung Hollenberg in Bad Essen vorrätig. Das grünrote Band mit dem sechseckigen Firmenlogo an den beigegrauen Lastern gehört in der gesamten Region zum gewohnten Bild. An sonnigen Tagen ist es auch am Himmel zu sehen am Hollenbergschen Heißluftballon. Wer das Vergnügen hat, einmal in dessen Korb mit aufzusteigen, kann in luftiger Höhe die ganze Schönheit der Landschaft Bad Essens genießen, mit dem Wiehengebirge im Südwesten und der nur vom Horizont begrenzten Ebene im Norden.

Neugierde

Landwirtschaft in Brockhausen
Hof Obermeier und Hof Klostermann

Barkhausen, Steinstrukturen bei den Saurierspuren

Barkhausen, Saurierspuren

Firma Argelith mit Blick auf Wehrendorf

Firma Argelith, Brennofen

Firma Argelith, Förderstraße

Firma Argelith, Verpackungsstraße

Blick auf das Wiehengebirge
mit der Schiefen Brücke

Rapsfeld bei Wimmer

Hünengräber
in der Nachbargemeinde Schwagstorf

Wehrendorf, Im Sägewerk Hagensieker

Eielstädter Schlucht, Wiehengebirge

Idylle in Eielstädt

Jüdischer Friedhof in Preußisch Oldendorf

Blick auf Wittlage

Im Bruch
Nördlich vom Kanal

Ländliche Idylle bei Brockhausen

Wittlage, Herbststimmung im Rott

B 65
Mindener Straße

Kultur und Landschaft
Bad Essen am Wiehengebirge